BEI GRIN MACHT SICH IHR
WISSEN BEZAHLT

- Wir veröffentlichen Ihre Hausarbeit,
  Bachelor- und Masterarbeit

- Ihr eigenes eBook und Buch -
  weltweit in allen wichtigen Shops

- Verdienen Sie an jedem Verkauf

Jetzt bei www.GRIN.com hochladen
und kostenlos publizieren

GRIN

Bibliografische Information der Deutschen Nationalbibliothek:

Die Deutsche Bibliothek verzeichnet diese Publikation in der Deutschen National-
bibliografie; detaillierte bibliografische Daten sind im Internet über http://dnb.d-
nb.de/ abrufbar.

Impressum:

Copyright © 2016 GRIN Verlag
Druck und Bindung: Books on Demand GmbH, Norderstedt Germany
ISBN: 9783668737846

Dieses Buch bei GRIN:

https://www.grin.com/document/429783

Florian Englisch

Das Data Warehouse als Lösung für das betriebliche Datenchaos

GRIN Verlag

GRIN - Your knowledge has value

Der GRIN Verlag publiziert seit 1998 wissenschaftliche Arbeiten von Studenten, Hochschullehrern und anderen Akademikern als eBook und gedrucktes Buch. Die Verlagswebsite www.grin.com ist die ideale Plattform zur Veröffentlichung von Hausarbeiten, Abschlussarbeiten, wissenschaftlichen Aufsätzen, Dissertationen und Fachbüchern.

Besuchen Sie uns im Internet:

http://www.grin.com/

http://www.facebook.com/grincom

http://www.twitter.com/grin_com

FOM - Hochschule für Oekonomie & Management Essen

Standort Hannover

Berufsbegleitender Studiengang zum Master of Science

(MAF/ MHR SS16 H)

2. Semester

Hausarbeit: IT-Management

Das Data Warehouse als Lösung für das betriebliche Datenchaos

2016

Inhaltsverzeichnis

Abbildungsverzeichnis

Abkürzungsverzeichnis

BI	Business Intelligence
DSS	Decision Support System
DWH	Data-Warehouse
EIS	Executive Information System
ERP	Enterprise-Resource-Planning-System
MIS	Management Informationssysteme
ODS	Operational Data Store
OLAP	On-Line Analytical Processing
PC	Personal Computer
PPS	Produktionsplanungs- und Steuerungssystem

1 Einleitung

„Daten sind das neue Öl."[1] – Diese Metapher verdeutlicht, wie wichtig Informationen in der heutigen Zeit geworden sind. Die komplette Geschäftsstrategie von bekannten Unternehmen wie Google und Facebook basiert auf der Sammlung und Auswertung von Daten. Auch in Zukunft wird diese Entwicklung weiter voranschreiten, sodass schrittweise weitestgehend alle Branchen vor einem tiefgreifenden Wandel stehen. Experten fassen diese Bewegung unter dem Begriff „Big Data" zusammen.[2] Als „Big Data" wird die stetig steigende Datenflut bezeichnet, die die Unternehmen in der heutigen Zeit vor immer neue Herausforderungen stellt. Big Data stellt Unternehmen vor neue Herausforderungen in Bezug auf den Umgang mit Daten. Hierbei zeichnen sich die neuen Anforderungen vor allem durch das deutlich gesteigerte Volumen der gespeicherten Daten aus. Neben dem Volumen wird auch die Anzahl der Quellen, die Daten anbieten, weiter zunehmen. Für die Unternehmen bedeutet dies, sich frühzeitig einen detaillierten Überblick über die potenziellen Quellen zu verschaffen und sich für die hochwertigsten zu entscheiden, um nicht im Nachhinein mit der Masse der Daten überfordert zu sein. Denn auch die Geschwindigkeit verändert sich drastisch. Wo bisher ein wöchentlicher Report ausgereicht hat, wird in Zukunft eine Echtzeitanalyse erwartet. Aber neben den Anforderungen steigen auch die Chancen, die mit Big Data einhergehen. Der technologische Fortschritt führt zu einer vollständigen Veränderung der Datenverwaltung und bringt damit auch neue Analysemöglichkeiten hervor.[3]

Gerade in Bezug auf den betrieblichen Datenhaushalt wird diese Entwicklung in den Fokus gerückt. Nachdem diese Thematik sowohl den Schwerpunkt der Hannoverschen IT-Messe CeBIT in 2014 darstellte, als auch im Folgejahren 2015 und 2016 eine zentrale Rolle spielte, wird deutlich, dass die Unternehmen auf der Suche nach effizienten Methoden sind, die Datenflut zu regulieren.[4] Die Identifizierung des Nutzens der Daten wird auch weiterhin in der Zukunft zu einem immer bedeutsameren Produktionsfaktor heranwachsen, sodass es sich kein Unternehmen leisten kann, dieses Fachgebiet zu vernachlässigen. Durch die effiziente Analyse der Daten kann sich ein Unternehmen einen realen Wissens- und damit auch einen

---

[1] CeBit (2016), http://www.cebit.de/de/news-trends/trends/..., abgerufen am 10.05.2016.
[2] Vgl. King, S./ Hajnal, I. (2014), S.18f.
[3] Vgl. Bayer, M. (2012), http://www.computerwoche.de/a/big-data..., abgerufen am 17.05.2016.
[4] Vgl. CeBit (2016), http://www.cebit.de/de/news-trends/trends/..., abgerufen am 10.05.2016.

Wettbewerbsvorteil erarbeiten, der bei der strategischen Ausrichtung zu einem der erfolgsentscheidenden Faktoren gezählt werden kann.[5]

Um diese effiziente Analyse der Daten zu ermöglichen, setzen viele Unternehmen Data-Warehouse-Systeme ein, deren wesentliche Aufgabe darin besteht, den betrieblichen Entscheidungsprozess zu unterstützen und eine Struktur in die analytischen Prozesse zu bringen.[6] Bevor diese Arbeit auf eine kritische Würdigung eines solchen Data-Warehouse eingeht, beschreibt Kapitel 2 wie sich das analytische Chaos auf die Entwicklung der Management Informationssysteme (MIS) ausgewirkt hat. Die permanente Weiterentwicklung der Management Informationssysteme führte zur heute bekannten Struktur des Data Warehouse, welche in Kapitel 2.4 thematisiert wird.

2 Die Grundlagen des Data Warehouse und die strategische Umsetzung

2.1 Das analytische Chaos als unternehmerisches Problem

In der Theorie wird die strategisch relevante Position der Datenanalyse stets betont. Doch häufig findet sich in der Praxis eine ganz andere Realität wieder, die von einem ständigen Wandel geprägt ist. Neben sich ändernden Kundenwünschen, regulatorischen Anforderungen oder technischen Weiterentwicklungen gibt es viele weitere Faktoren, die Unternehmen dazu zwingen, sich permanent an die neuen Gegebenheiten anzupassen. Dieser Veränderungszwang spiegelt sich auch in der Systemlandschaft wieder.[7] Die Schnelllebigkeit der Informationstechnologie führte dazu, dass Trends und Neuerungen sehr schnell in die bestehende IT-Infrastruktur übernommen. Bei der Umstellung werden häufig einzelne Altsysteme übergangen, da sich deren Erneuerungen wirtschaftlich nicht begründen lassen oder gar nicht realisierbar sind. Dies führt dazu, dass die IT-Landschaft eines Unternehmens immer auch ein Spiegelbild der technischen Entwicklungsschritte der letzten Jahrzehnte darstellt. Neben der technischen Weiterentwicklung lässt sich auch die betriebliche Entwicklung des Unternehmens an der Systemlandschaft ablesen. Betriebswirtschaftliche Faktoren, wie zum Beispiel die Erschließung eines neuen Geschäftsfeldes oder neue regulatorische Anforderungen haben immer direkte Auswirkungen auf die IT-Infrastruktur, denn diese muss die erforderlichen

---

[5] Vgl. Keuper, F. u.a. (2013), S. 247f.
[6] Vgl. Gansor, T./ Totok, A./ Stock, S. (2010), S. 16f.
[7] Vgl. Lemke, C./ Brenner, W. (2014), S. 239f.

Prozesse adäquat bereitstellen. Die durch die technischen und betrieblichen Veränderungsprozesse entstandene Heterogenität der Systemlandschaft führt zu einer erhöhten Komplexität bezüglich der Beherrschbarkeit der Systeme, denn den Evolutionserfordernissen stehen die steigenden Anforderungen an die Nutzbarkeit der Daten gegenüber.[8] Diese Kernproblematik einer jeden sich heutzutage im Wandel befindenden Systemlandschaft wird auch als „Analytisches Chaos" bezeichnet, denn mit den Änderungen steigen die Anforderungen an die Analysemöglichkeiten der betrieblichen Daten unaufhaltsam.[9]

Das Hauptmerkmal des „Analytischen Chaos" ist die **unzureichende oder unklare Qualität der Daten**. Die Auswirkungen der ungenügenden Datenqualität sind sehr weitreichend. Aufgrund der bedeutsamen Entscheidungen, die basierend auf der Datenqualität getroffen werden, sind die Konsequenzen eines mangelhaften Datenhaushaltes sehr weitreichend und häufig irreparabel. Diese Verfehlung lässt sich maßgeblich auf die **undefinierte Herkunft der Daten** zurückführen. Häufig ist den Unternehmen nicht bewusst, welche Herkunft ihre Daten haben und wie sich einzelne Werte berechnen. Viele Unternehmen haben unzureichende Kenntnisse über die eigenen Systeme und deren Funktionsweise. Als Konsequenz sind die die analytischen **Prozesse oft nicht detailliert genug dokumentiert**. Häufig kann nicht sichergestellt werden, dass die Datenbasis alle relevanten Datensätze enthält. Die Fragestellung der korrekten Analyse kann somit nicht adäquat beantwortet werden.[10]

Um diesen Problemen entgegenzuwirken, setzen viele Unternehmen Data-Warehouse-Systeme ein. Deren wesentlichen Aufgaben bestehen darin, den betrieblichen Entscheidungsprozess zu unterstützen und durch eine einheitliche Datenbasis die analytischen Prozesse zu untermauern.[11] Damit diese einheitliche Datenbasis erstellt werden kann, müssen die Unternehmen eine konsistente Business Intelligence (BI) Strategie verfolgen. Unter dem Begriff Business Intelligence wird die Wandlung von strukturierten und unstrukturierten Daten in handlungsrelevantes Wissen bezeichnet. Dieses Wissen bezieht sich auf entscheidungsrelevante Kenntnisse über die Situation des eigenen Unternehmens oder das Marktumfeld. Der identifizierte Informationsbedarf wird anhand aussagekräftiger Quellen gestillt, die dem Nutzer anschließend in aufbereiteter Form durch Analysen und Reportings

---

[8] Vgl. Gansor, T./ Totok, A./ Stock, S. (2010), S. 14f.
[9] Vgl. Apel, D. u.a. (2009), S. 18ff.
[10] Vgl. Apel, D. u.a. (2009), S. 18ff.
[11] Vgl. Gansor, T./ Totok, A./ Stock, S. (2010), S. 16f.

ersichtlich sind.[12] Die BI-Strategie definiert hierbei unternehmensweite Richtlinien und Vorgaben, die für die effiziente Analyse der Daten notwendig sind. Dazu gehören auch die verwendeten Technologien, wie zum Beispiel die erwähnten Data-Warehouse(DWH)-Systeme oder das Data Mining Verfahren.[13]

2.2 Historie der Management-Informationssysteme

Die stetige Weiterentwicklung der Computersysteme weckte in den 1960er-Jahren den Wunsch nach umfassenderen Aufbereitungsmöglichkeiten für betriebliche Informationen, um diese für die Unterstützung der Entscheidungsfindung nutzbar zu machen. Dieser Gedanke gipfelte in der Entwicklung der Management-Informationssysteme, die die unternehmerischen Entscheider mit relevanten Informationen in Berichtsform versorgen und somit eine fundiertere Entscheidungsfindung ermöglichen sollten.[14] Anfang der 1970er-Jahre entwickelten sich die Decision Support Systems (DSS), die im Gegensatz zu den MIS verschiedene Methoden und Modelle für die Entscheidungsfindung anbieten. DS-Systeme legen den Fokus vermehrt auf die Unterstützung des Entscheidungsprozesses als auf die reine Informationsversorgung der Entscheider anhand von Berichten.[15] Die nächste Generation der entscheidungs-unterstützenden Systeme entstand Ende der 1980er-Jahre in Form der Executive Information Systems (EIS). Die zunehmende Verbreitung von Personal Computern (PC) sowie die tiefergehende Verflechtung der Datenverarbeitungssysteme ließen den MIS-Gedanken neu aufleben. Die Aufbereitung von mehreren Datenquellen zu entscheidungsunterstützenden Berichten gewann durch die neuen Technologien weiter an Bedeutung. Die generierten Berichte konnten den Entscheidungsträgern effizient zur Verfügung gestellt werden und ermöglichten somit eine vereinfachte Kommunikation bei der Entscheidungsfindung.[16] Weiter an Dynamik gewann dieser Anwendungsbereich in den 1990er-Jahren durch die Entwicklung des Data-Warehouse-Konzeptes. Die Integration mehrerer Datenquellen zu einer gemeinsamen Datenbasis, die die Grundlage für On-Line Analytical Processing (OLAP) und Business Intelligence legte, war ein Meilenstein für das Voranschreiten der Datenanalyse.[17]

Im Laufe der Zeit beschränkte sich der Empfängerkreis nicht mehr nur auf die Managementebene, sondern vielmehr auf alle Mitarbeiter, die solche Informationen benötigten. Zudem haben sich die Zeitintervalle, in denen die Daten abgefragt werden, massiv verkürzt.

---

[12] Vgl. Mertens, P. (2001), S. 83f.
[13] Vgl. Bauer, A./ Günzel, H. (2009), S. 13f.
[14] Vgl. Gabriel, R./ Gluchowski, P./ Pastwa, A. (2009), S. 20f.
[15] Vgl. Gluchowski, P./ Gabriel, R./ Dittmar, C. (2008), S. 63f.
[16] Vgl. Chamoni, P. (1999), S. 422f.
[17] Vgl. Müller, J. (2000), S. 213.

Wo früher noch monatliche Reportings ausgewertet wurden, sind heutzutage Realtime-Abfragen keine Seltenheit mehr. Die zunehmende Operationalisierung der Data-Warehouse-Systeme spiegelt sich auch in der Architektur wieder, die die schnelle Integration sowie die flexible Einbindung von vielseitigen Ausweitungsmöglichkeiten ermöglichen muss.[18]

2.3 Data-Warehouse - Definition und Begriffsabgrenzung

Die Vielseitigkeit der Data-Warehouse-Thematik zeigt sich auch in der Literatur, die eine Vielzahl an unterschiedlichen Interpretationsansätzen für den Begriff liefert. Einzeln betrachtet, sind *Daten* Informationen, die „zum Zweck der Übertragung, Interpretation oder Verarbeitung formalisiert dargestellt sind."[19] Der Begriff *Warehouse* (dt. Lagerhaus) setzt in diesem Zusammenhang den Datenfluss der betrieblichen Systeme in eine Analogie mit den Waren eines Lagerhauses, die genauso wie die Daten innerhalb eines Unternehmens und über die Grenzen eines Unternehmens hinaus gehandelt werden.[20] Zusammengesetzt bedeutet dies, dass sich der Begriff des *Data-Warehouse* sinngemäß mit einem Lagerhaus für Daten übersetzen lässt.[21]

Der Begriff wurde maßgeblich durch W. H. Inmon geprägt[22], der ein Data-Warehouse als „a subject oriented, integrated, non-volatile and time variant collection of data in support of management's decisions"[23] beschreibt.

Nach dieser Definition lässt sich ein Data-Warehouse klar von den operativen Anwendungssystemen abgrenzen, da nicht die einzelnen Transaktionen, sondern beispielsweise Umsatz- oder Kostenkennzahlen zu einem bestimmten Themengebiet (subject oriented) im Fokus stehen. Die Daten werden aus den verschiedenen Quellsystemen in das Data-Warehouse integriert (integrated) und stehen dem Nutzer permanent (non-volatil) zur Verfügung. Die Ablage der Daten erfolgt in Anbetracht des Zeitbezuges (time variant), um einen möglichst großen Erkenntnisgewinn bei der Analyse der Daten zu ermöglichen. Der Kerngedanke hinter dem Data-Warehouse-Konzept ist es, die Daten aus den verschiedenen Quellen systematisch zusammenzuführen und in eine zentrale Datenbasis zu integrieren, um die Entscheidungsträger mit entscheidungsrelevanten Informationen zu versorgen.[24]

---

[18] Vgl. Winter, R. u.a. (2008) S. 2.
[19] Stahlknecht, P./ Hasenkamp, U. (2005), S. 10f.
[20] Vgl. Mucksch, H./ Behme, W. (2000), S. 7.
[21] Vgl. Abts, D./ Mülder, W. (2009), S. 251f.
[22] Vgl. Farkisch, K. (2011) S. 5.
[23] Inmon, W. H. (1996), S. 33.
[24] Vgl. Farkisch, K. (2011) S. 6.

In Verbindung zu dem Schlagwort *Data-Warehouse* werden in der Literatur häufig auch die Begriffe *Data-Warehouse-System* und *Data-Warehousing* genannt.

Das Data-Warehouse-System umfasst im Gegensatz zu dem einfachen Data-Warehouse nicht nur die zu den Quellsystemen redundante Datenbasis, sondern alle für den Data-Warehousing Prozess erforderlichen Komponenten. Unter Data-Warehousing wird der prozessuale Ablauf von der Datenbeschaffung, über die Datenhaltung bis hin zur Datenanalyse verstanden.. [25]

2.4 Die Architektur des Data-Warehouse-Systems

Der Definition nach sollte ein Data-Warehouse den „single point of truth" (dt.: einzige Quelle der Wahrheit) darstellen und damit der einzige zentrale Ort sein, an dem die Daten aggregiert zur Verfügung stehen. Alle weiteren Datenausschnitte werden auf Basis dieser Datengrundlage erstellt. [26]

Eine Konsolidierung der verschiedenen Datenquellen hin zu einer bereichsübergreifenden Datenbasis, als Grundlage für eine effiziente BI-Landschaft, kann nur mit Hilfe einer einheitlichen Datenintegrationsstrategie erreicht werden. In diesem Zusammenhang wird im folgenden Abschnitt der Muster-Aufbau einer Data-Warehouse-Architektur vorgestellt.

Die in Abbildung 2 beschriebene Data-Warehouse-Architektur versteht sich als idealtypischer Entwurf, der bei der praktischen Umsetzung an die unternehmens-spezifischen Rahmenbedingungen angepasst werden muss.

---

[25] Vgl. Goeken, M. (2006), S. 16f.
[26] Vgl. Inmon, W. H./ Strauss, D. / Neushloss,G. (2008), S. 7.

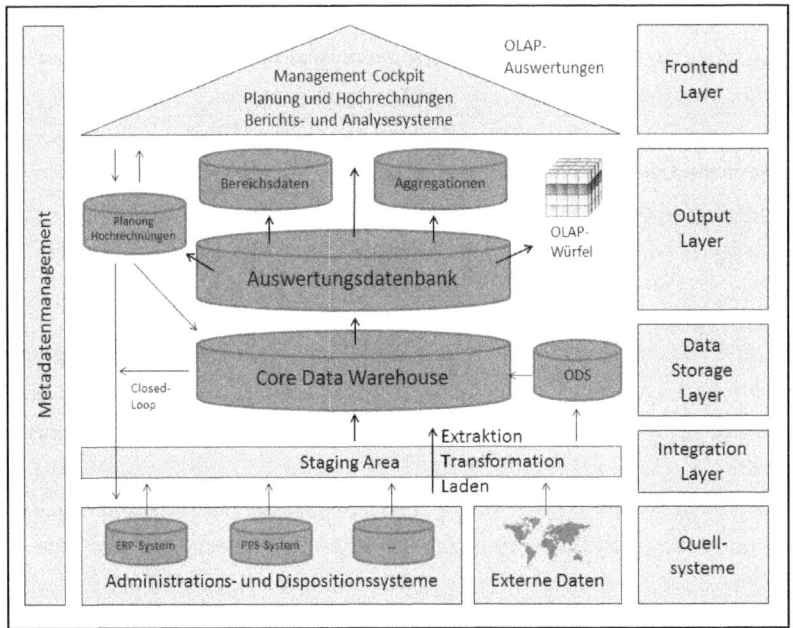

Abbildung 1: Referenzarchitektur eines Data-Warehouse

Eigene Darstellung in Anlehnung Totok, A. (2000), S. 39ff.

Der Aufbau wird in fünf Schichten unterteilt: Der Datenfluss beginnt bei den Quellsystemen, fließt durch den Integration Layer hinein in den Data Storage Layer, um mit Hilfe des Output Layers im Frontend Layer aufbereitet zur Verfügung gestellt zu werden. Begleitet werden alle Ebenen durch das Metadatenmanagement. Im Folgenden werden die einzelnen Schichten vorgestellt und es wird dabei auf ihre jeweilige Funktion innerhalb des Data-Warehouse-Systems eingegangen.

- **Quellsysteme**

Die Quellsystem-Schicht setzt sich aus verschiedenen Datenquellen zusammen. Es wird zwischen Administrations- und Dispositionssystemen innerhalb eines Unternehmens beziehungsweise externen Daten und Daten aus dem Internet unterschieden. Administrations- und Dispositionssysteme lassen sich den operativen Systemen zuordnen und haben primär die Aufgabe, die betrieblichen Prozesse zu unterstützen. Administrationssysteme begleiten verwaltende Tätigkeiten, zum Beispiel in der Beschaffung, der Logistik oder im

7

Personalbereich. Ihr Ziel ist es, die Effizienz der betrieblichen Abläufe zu steigern und durch die massenhafte Datenverarbeitung einen Rationalisierungseffekt herbeizuführen. Die Dispositions-systeme unterstützen den Nutzer hingegen bei planenden oder dispositiven Aufgabenfeldern. Klassische Vertreter der beiden Anwendungskategorien sind unter anderem Enterprise-Resource-Planning-Systeme (ERP) und Produktionsplanungs- und Steuerungssysteme (PPS).[27] Ergänzend zu den innerbetrieblichen Daten machen sich Unternehmen in der Regel auch externe Daten zunutze. Informationen über Marktsituation, Börsenkurse oder demographische Faktoren helfen dem Unternehmen dabei, sich bestmöglich auf das betriebliche Umfeld einzustellen und sich optimal zu positionieren.[28]

- **Integration Layer**

Die Schnittstelle zwischen den Quellsystemen und dem Data Storage Layer wird durch den Integration Layer realisiert, in dem die Daten mit Hilfe eines ETL-Prozesses an die einheitliche Datenstruktur angepasst werden. ETL steht in diesem Zusammenhang für die *Extraktion* der Daten aus den Datenquellen, die *Transformation* in ein allgemeines Datenmodell, sowie das abschließende *Laden* der Daten in die Zieldatenbank. Aus den Quellsystemen werden die benötigten Daten ausgewählt und in die Staging Area geladen (Extraktion),[29] die hierbei als eine Art Zwischenablage fungiert, in der die Daten für die Verarbeitung abgelegt werden.[30] Aufgrund unterschiedlicher Datenstrukturen der einzelnen Quellsysteme müssen die Daten vor der Integration in das Core-Data-Warehouse homogenisiert werden. Bei der Transformation wird der ausgewählte Datenbestand um etwaige Fehler oder Inkonsistenzen bereinigt und anschließend mit Zusatzinformationen angereichert. Dies ist für die Erstellung einer einheitlichen Datenbasis als Grundlage für alle folgenden Analysetätigkeiten zwingend erforderlich. Ist die Transformation der Daten abgeschlossen, werden sie in die Basisdatenbank geladen (Laden). Der ETL-Prozess stellt den aufwändigsten, aber auch den wichtigsten Teil der Data-Warehouse-Architektur dar. Ohne ein einheitliches Vorgehen bei der Datenintegration kann nicht sichergestellt werden, dass die auf dieser Datenbasis getroffenen Auswertungen tatsächlich der Realität entsprechen.[31]

---

[27] Vgl. Mertens, P. (2009), S. 13f.
[28] Vgl. Meier, A. (2005), S. 195.
[29] Vgl. Köppen, V./ Saake, G./ Sattler, K.-U. (2014), S. 97f.
[30] Vgl. Strohmeier, S. (2008), S. 74f.
[31] Vgl. Köppen, V./ Saake, G./ Sattler, K.-U. (2014), S. 97f.

- **Data Storage Layer**

Nachdem die Daten für die langfristige Ablage aufbereitet wurden, werden sie in den Data Storage Layer geladen. Er besteht neben dem transaktionsorientierten Operational Data Store (ODS) aus dem Herzstück der Data-Warehouse-Architektur, der Basisdatenbank (Core-Data-Warehouse). In ihr werden die Daten aus den vorgelagerten Systemen strukturiert abgelegt, sodass sie den Analysewerkzeugen historisiert zur Verfügung stehen. Die Auswertungen können somit auf alle in der Vergangenheit gesammelten Daten zurückgreifen.[32]

Der Operational Data Store ist ein von der Basisdatenbank getrennter Datenspeicher, der Transaktionsdaten aus den operativen Systemen sammelt. Anwendung findet der ODS bei speziellen Analysezwecken, zum Beispiel bei der Unterstützung der Vertriebsprozesse eines Handelsunternehmens. Die ODS-Datenbank eignet sich sehr gut für Realtime-Analysen, da die Transaktionsdaten zeitnah erfasst werden und somit einen guten Blick auf die operativen Prozesse liefern. Die zum Teil sehr granularen Daten führen zu einem hohen Datenvolumen, wodurch es erforderlich wird, den ODS-Datenbestand regelmäßig zu löschen. Der Operational Data Store lässt sich hierdurch klar vom Core-Data-Warehouse abgrenzen, da eine langfristige Datenspeicherung nicht realisiert wird. Die ODS-Daten, die dauerhaft zur Verfügung stehen sollen, werden aufbereitet und in aggregierter Form in die Basisdatenbank geladen.[33]

- **Output Layer**

Das Core-Data-Warehouse ist die Grundlage des Output Layers, alle weiteren Komponenten der Data-Warehouse-Architektur bedienen sich an diesem zentralen Datenbestand. Aus diesem „single point of truth" können für die einzelnen Bereiche oder Anwendungszwecke beliebig viele Data Marts gebildet werden.[34] Data Marts sind im Vergleich zu einem Data-Warehouse kleinere Datentöpfe, die im Unternehmen dezentral für spezifische Aufgabenbereiche verwendet werden.[35] Dies ist in der Praxis häufig die einzige Chance, die Akzeptanz der Data-Warehouse-Architektur in den Fachbereichen hochzuhalten, da viele Entscheider nur die Daten ihrer direkten Umgebung für ihre speziellen Zwecke fokussieren und dabei die unternehmensweite Datenqualität vernachlässigen. Diese Prämisse wird auch unter dem Begriff der Hub & Spoke Architektur zusammengefasst. Abbildung 3 veranschaulicht den Hub & Spoke-Aufbau, der auch als Narbe-Speiche-Architektur bezeichnet werden kann.[36]

---

[32] Vgl. Alpár, P. (2014), S. 236f.
[33] Vgl. Kemper, H.-G./ Baars, H./ Mehanna, W. (2010), S. 43f.
[34] Vgl. Bachmann, R./ Kemper, G. (2011), S. 101f.
[35] Vgl. Laudon, K.-C./ Laudon, J./ Schoder, D. (2010), S. 307.
[36] Vgl. Bachmann, R./ Kemper, G. (2011), S. 101f.

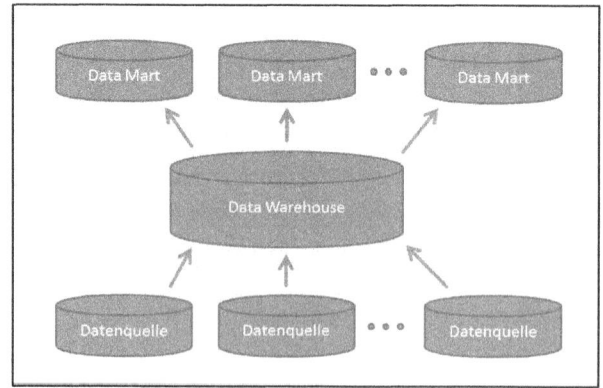

Abbildung 2: Hub and Spoke Architektur

Eigene Darstellung in Anlehnung an Navrade, F. (2008), S. 23.

Das Data-Warehouse bündelt die Daten der unterschiedlichen Quellsysteme zu einer einheitlichen Datenbasis („Hub"), die dann die Grundlage für die verschiedenen Datenausschnitte („Spokes") bildet. Das Schaubild verdeutlicht, wie die verschiedenen Quellen zunächst in einer zentralen Datenbasis integriert werden, um anschließend in anwendungsspezifische Data Marts überführt zu werden und untermauert damit den hohen Stellenwert einer zentralen Datengrundlage.[37]

Der Output Layer der Data-Warehouse-Architektur bildet die Auswertungsschicht ab und veranschaulicht die verschiedenen Weiterverwendungsmöglichkeiten der Daten nach ihrer Integration. Der Hauptbestandteil dieser Schicht ist die Auswertungsdatenbank, auf die die verschiedenen Auswertungszwecke zugreifen. Dazu gehören der OLAP-Würfel, Aggregationen und Bereichsdatenausschnitte, die zum Beispiel für die Planung oder Hochrechnungen verwendet werden. Damit die Auswertungen einen möglichst hohen Nutzen bringen, werden die Daten vorher aus dem Storage Layer entsprechend der speziellen Anforderungen der Analyse aufbereitet und dem Abnehmer zur Verfügung gestellt.

Die dynamische Analyse der Daten für die Managementebene stellt diverse Anforderungen an die Technologie, die sich mit dem FASMI (Fast Analysis of Shared Multidimensional

---

[37] Vgl. Böhnlein, M. (2001), S. 63f.

Information)-Ansatz zusammenfassen lassen.[38] Dieser besagt, dass die Analyse-Abfragen innerhalb kürzester Zeit (Fast Analysis) beantwortet werden sollen. Einfache Abfragen dürfen bis zu fünf Sekunden in Anspruch nehmen, komplexe Abfragen bis zu 20 Sekunden. Da mehrere Systeme zeitgleich auf die Daten zugreifen müssen (Shared), ist sicherzustellen, dass es zwischen den Zugriffen nicht zu Kollisionen kommt. Die Systeme betrachten die Daten aus unterschiedlichen Dimensionen (Multidimensional Information) und können somit für den jeweiligen Anforderungsbereich die richtigen Informationen herausfiltern. Der OLAP-Würfel dient in diesem Kontext zur Veranschaulichung der Multidimensionalität der Daten.[39]

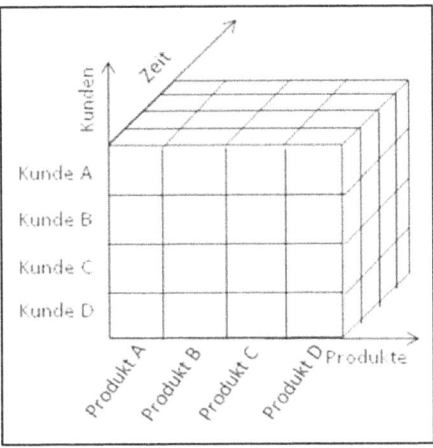

Abbildung 3: OLAP-Würfel

Quelle: o.V. (2016), http://www.business-intelligence.org..., abgerufen am 11.05.2016.

Abbildung 6 stellt einen OLAP-Würfel mit den charakteristischen Dimensionen dar. Zum Zweck der optimalen Informationsdarstellung lässt sich der Würfel durch verschiedene Methoden bearbeiten. Die Daten können zum Beispiel entweder durch Drill-Down in einem höheren oder durch Roll-Up in einem niedrigeren Detaillierungsgrad dargestellt werden. Es kann beim OLAP-Würfel im Gegensatz zu einem physikalischen Würfel mehr als drei Achsen geben. Die Daten können somit in den Kontext beliebig vieler Dimensionen gesetzt werden, was die Vielseitigkeit der Auswertungsmöglichkeiten erhöht. Diese ist ein elementarer Bestandteil des Data-Warehouse-Systems, da nur durch eine hohe Zahl an potenziellen

---

[38] Vgl. Böhnlein, M. (2001), S. 73f.
[39] Vgl. Kemper, H.-G./ Baars, H./ Mehanna, W. (2010), S. 100f.

11

Anwendungsfällen eine unternehmensweite Akzeptanz des zentralen Datenspeichers erreicht werden kann.[40]

Für die abnehmenden Systeme werden die Daten aggregiert und zu Planungs- und Hochrechnungszwecken speziell aufbereitet. Die Informationen, die aus diesen Berechnungen generiert werden, können in die operativen Systeme, bzw. in die Basisdatenbank zurückgeführt werden, um sie entweder historisiert abzulegen oder mit ihnen zu arbeiten. Dieser Closed-Loop Vorgang wird auch als Retraktion bezeichnet.[41]

- **Frontend Layer**

Die im Output Layer beschriebenen Datenverarbeitungsmethoden haben alle den Zweck, die Daten so aufzubereiten, dass spezielle Auswertungssysteme anhand der aufbereiteten Datenausschnitte Informationen generieren können. Diese Informationen werden dem Nutzer in den verschiedenen Berichts- und Analysesystemen, sowie in Form von Planungen und Hochrechnungen bereitgestellt. Das Top-Management bekommt diese Informationen in zusammengefasster Form innerhalb eines Management Cockpits vorgestellt und trifft anhand dieses Wissens richtungsweisende Entscheidungen. Die Darstellungsform ist an die jeweilige Zielgruppe angepasst und orientiert sich an deren speziellen Anforderungen. Es wird darauf eingegangen, wie oft eine Abfrage aktualisiert werden muss und welche Inhalte für die Fragestellung relevant sind. Die generierten Informationen finden in der strategischen Planung Verwendung und begründen die getroffenen Entscheidungen, sowie die Neuausrichtung der Unternehmensstrategie. Aus diesem Grund wird den Auswertungen eine sehr hohe Bedeutung zugewiesen, die sich auch in den vorgelagerten Prozessschritten wiederspiegelt. Die aus den Quellsystemen selektierten Daten müssen alle notwenigen Informationen enthalten, welche für die Beantwortung der jeweiligen Fragestellung benötigt werden. Zusätzlich sind die Ansprüche an die Datenqualität sehr hoch. Dies liegt an der hohen Relevanz der betrieblichen Entscheidung, die auf Basis dieser Daten getroffen wird.[42]

- **Metadatenmanagement.**

Das Metadatenmanagement erstreckt sich in der Data Warehause Architektur über den gesamten Data Warehousing Prozess: von den liefernden Datenquellen bis hin zur Entscheidungsunterstützung durch die angefertigten Reportings. Ziel des Metadatenmanagements ist es, den verantwortlichen Systemarchitekten dabei zu unterstützen,

---

[40] Vgl. Kendzia, R. (2010), S. 64f.
[41] Vgl. Gansor, T./ Totok, A./ Stock, S. (2010), S. 55f.
[42] Vgl. Gansor, T./ Totok, A./ Stock, S. (2010), S. 55f.

Aussagen über die Leistungsfähigkeit des Data-Warehouse-Systems zu treffen. Grundlage für diese Funktion ist eine zentrale Metadaten-Tabelle, in der alle Vorgänge des Data-Warehouse dokumentiert werden. Anschließend können anhand dieser Daten unter anderem die Auswirkungen von Architekturanpassungen oder die Datenflüsse analysiert werden, um mit Hilfe dieser Kennzahlen die Performance des Data-Warehouse zu bewerten.[43]

3 Würdigung des Data Warehouse

3.1 Der Mehrwert eines Data Warehouse-Systems

Der primäre Nutzen eines Data Warehouse-Systems besteht in der effizienten Datenversorgung durch Analysefunktionen und der Bereitstellung einer Datenbasis, die für die Erstellung fundierter Unternehmensentscheidungen benötigt wird. Die Daten werden durch das Data Warehouse in der bestmöglichen Qualität für die Abnehmer strukturiert angeliefert. In diesem Zusammenhang stellt auch die Aktualität der Daten sowie deren Vollständigkeit einen wesentlichen Vorteil da. Ziel ist es, dass die Daten an keiner anderen Stelle im Unternehmen so aktuell und konsistent angeboten werden können wie durch den zentralen Datenspeicher des Data Warehouse.[44]

Der tatsächliche Mehrwert eines Data Warehouse-Systems lässt sich nicht an einzelnen Prozessen messen, sondern ist an der Qualitätssteigerung der betroffenen Systeme erkenntlich. Die Datenqualität hat direkte Auswirkung auf die Qualität der Entscheidungsgrundlage des Managements und damit auf die optimale Positionierung am Markt.[45] Darüber hinaus lässt sich ein Data Warehouse aufgrund seines Aufbaus als Triebfeder einer effizienten IT-Architektur bezeichnen. Der wesentliche Vorteil der Konstruktion ist die Unabhängigkeit der Datenabnehmer von den Quellsystemen. Bei einer Systemanpassung eines Quellsystems muss nur die Schnittstelle zum Integration Layer angepasst werden und nicht die eines jeden abnehmenden Systems. Darüber hinaus senkt die Abspaltung der Abnehmer von den Quellen die Komplexität der Datenflüsse innerhalb der Systemlandschaft. Dieser Aufbau wirkt sich reduzierend auf den notwendigen Entwicklungsaufwand aus, der für die Weiterentwicklung der Systeme aufgebracht werden muss, und führt somit wirtschaftlich betrachtet auch zu einer Reduzierung der Kosten. Diese Reorganisation führt zu einer Verschlankung der Datenverarbeitungsprozesse und einem nachhaltigen Effizienzgewinn. Die Dokumentation der

---

[43] Vgl. Mucksch, H./ Behme, W. (2000), S. 277f.
[44] Vgl. Wilmes, C./ Dietl, H./ van der Velden, R. (1998), S. 55f.
[45] Vgl. Mucksch, H./ Behme, W. (2000), S. 453ff.

neuen Prozesse sichert die Langlebigkeit der neuen Struktur ab und vermindert das Risiko eines analytischen Chaos.[46]

Das einheitliche Datenmodell führt in Kombination mit einer detaillierten Dokumentation zu einer stark verbesserten Nachvollziehbarkeit der Daten. Anhand der IT-Architektur und der erstellten Dokumentation kann das Unternehmen klare Aussagen über ihre Datenverläufe treffen. Dieses Wissen kann in vielen weiteren Anwendungsbereichen eingesetzt werden und führt dazu, dass das Unternehmen die Entwicklung der eigenen Systemlandschaft effektiv steuern kann.[47]

3.2 Mögliche Problematiken der Implementierung eines Data Warehouse-Systems

Die Herausforderungen des Betriebes eines Data Warehouse beginnen schon mit dem Projekt der Implementierung, das mitunter sehr kostenintensiv ausfallen kann. Nach Moody's liegt der schlechte Umsetzungsstand hauptsächlich an dem Mangel an qualifizierten Mitarbeitern für die Thematik des Data Warehouse. Zudem werden die Zeitvorgaben innerhalb der Projekte oft zu ambitioniert vergeben und dabei die tatsächlichen Aufwände des Vorhabens massiv unterschätzt. Viele Kreditinstitute haben die Optimierung der Systemlandschaft über Jahrzehnte vernachlässigt und stehen bei der Implementierung vor einem Problem. Nach ersten Einschätzungen der Unternehmen ist davon auszugehen, dass die Kosten für den Aufbau eines Data Warehouse-Systems, je nach Komplexität der vorhandenen Systemlandschaft, leicht einen zwei- oder dreistelligen Millionenbetrag erreichen können. Dies wird laut Moody's bei der Budgetplanung oft deutlich unterschritten. Eine Umfrage der Ratingagentur ergab, dass viele Unternehmen mit weniger als fünf Millionen Euro kalkulieren und das Projekt mit weniger als 25 Mitarbeitern bewerkstelligen wollen. Da die Konsolidierung der Daten für die Kreditinstitute jedoch häufig ein ungeliebtes Thema darstellt, welches in der Vergangenheit nicht stringent verfolgt wurde, ist davon auszugehen, dass diese Planungen unrealistisch sind. Undefinierte Datenverarbeitungsprozesse können schwerwiegende Auswirkungen haben, da speziell die Risikodaten im Krisenfall eine enorme Aussagekraft über die Stabilität des Unternehmens besitzen. Abgesehen von der regulatorischen Verpflichtung wird die einheitliche Datenbasis den Kreditinstituten einen quantifizierbaren Mehrwert bringen.[48]

---

[46] Vgl. Böhnlein, M. (2001), S. 63f.
[47] Vgl. Holthuis, J. (1999), S. 42f.
[48] Vgl. Schrader, J. (2015), S. 4.

Ist das Data Warehouse erst einmal implementiert und live gegangen, so sind noch lange nicht alle Problempotenziale ausgemerzt. Die in einem Data Warehouse aufgenommenen Daten zeichnen sich beispielsweise durch eine gewisse Dynamik aus. Dies wird durch die Tatsache bedingt, dass die aufgenommenen Daten nicht real time aktualisiert werden. Der Datenbestand wird beispielsweise nicht bei jeder einzelnen Verbuchung eines Geschäftsvorfalles auf den aktuellen Stand gebracht. Stattdessen werden in periodischen Abständen wie zum end of business day, wöchentlich oder zum Monatsultimo Aktualisierungen vorgenommen. Zwischen diesen Aktualisierungszeitpunkten sind die Daten daher veraltet. Je geringer diese Abstände sind, desto mehr Aufwand steckt hinter den Datenupdates.[49] Hier ist es wichtig, den Überblick über die Haltbarkeit der einzelnen Daten zu behalten, da veraltete Daten je nach Anforderung ihren Anspruch an eine zeitnahe und korrekte Information der Entscheidungsträger nicht erfüllen können. Die Aktualisierungszeitpunkte müssen individuell auf die Unternehmensbedingungen abgestimmt werden. Idealerweise finden die Aktualisierungen zu einem Zeitpunkt statt, wenn die Systembelastung niedrig ist und somit den Betrieb nicht beeinflusst wird.[50] Bedingt durch die unterschiedlichen Datenupdates können die operativen Quellsysteme mitunter unterschiedliche Aktualitätszustände aufweisen und berichten so heterogene Informationen an Entscheidungsträger.[51]

Weiterhin ist die Herkunft der Daten eine Quelle für mögliche Probleme. Externe Daten erhalten die Unternehmen in der Regel von Informationsdiensten, Marktforschungsinstituten oder Wirtschaftsverbänden. Die Datengewinnung wird hierbei erschwert, da sehr viele verschiedene Quellsysteme und Speicherorte existieren. Zur Unterstützung wird auf standardisierte Schnittstellen, sowie ein einheitlich definierter ETL-Prozess zurückgegriffen. Außerdem ist ein gesundes Misstrauen gegenüber Daten von extern angebracht. Die Vertrauenswürdigkeit der Quellen ist nicht immer eindeutig, da diese mitunter veraltete oder systematisch von extern vorselektierte Daten enthalten. In diesem Zusammenhang spielt auch die IT-Sicherheit eine große Rolle, da externe Daten auch immer ein potenzielles Risiko darstellen.[52]

Als Grundlage eines jeden Data Warehouses gilt wie in Kapitel 2.3 festgestellt die Sammlung und Analyse von Daten. Hierfür muss nicht nur die Struktur der Daten, sondern auch dessen

---

[49] Vgl. Mucksch, H./ Behme, W. (2000), S. 451.
[50] Vgl. Petersohn, H. (2005), S. 45f.
[51] Vgl. Totok, A. (2000), S. 114.
[52] Vgl. Petersohn, H. (2005), S. 45f.

Format vereinheitlicht werden. Dies birgt großes Problempotenzial, wie die folgenden Beispiele zeigen. So können die Datenfelder in verschiedenen Quellsystemen unterschiedliche Bezeichnungen tragen. Attribute, die an sich gleich sind, werden möglicherweise in unterschiedlichen Maßeinheiten gemessen. Auch können die Datenfelder anders gefüllt sein als ihr Zweck ihnen vorgibt. Besonders Datumsfelder weisen ein hohes Inkonsistenzpotenzial auf. Je nach verwendetem Format und Sprachraum der Datenquellen wird ein Datum unterschiedlich dargestellt. Eine einheitliche Syntax der Daten herzustellen ist somit eine große Herausforderung und funktioniert nicht ohne den notwendigen Aufwand.[53] Darüber hinaus ist der Umgang mit dem sogenannten „Datenschmutz" ein Aspekt, über den sich die Unternehmen Gedanken machen müssen. Als „Datenschmutz" werden jene Daten bezeichnet, die fehlerhaft oder falsch sind und durch Unregelmäßigkeiten auffallen. Deren Korrektur ist nicht ohne weiteres möglich, da nicht alle Anomalien Hinweise auf falsche Daten darstellen, sondern vielmehr interessante Informationen über bestimmte Gegebenheiten liefern. Werden jedoch pauschal alle Anomalien in einem Data Warehouse gesichert, so sammelt sich immer mehr „Datenschmutz" an, da nicht alle Datenunregelmäßigkeiten für das Unternehmen relevant sind.[54]

Die angestrebte Organisationform und die jeweiligen Problemfelder eines Data Warehouse muss vor der Umsetzung im Unternehmen analysiert werden. So kann bei einem zentralisierten Data Warehouse den ausgegliederten Unternehmensbereichen der Zugriff auf entscheidungsrelevante Informationen erschwert werden. Falls ein Zentralserver genutzt wird, kann es zu erhöhten Antwortzeiten beziehungsweise starker Auslastung der vorhandenen Infrastruktur kommen. Gleichzeitig müssen die Entscheidungsträger aber auch bedenken, dass die Verwaltung der Daten in einem dezentral implementierten Data Warehouse weitaus aufwendiger sein kann. Eine gewisse Redundanz der Daten und eine daraus folgende Inkonsistenz der Datenstruktur muss hierbei in Kauf genommen werden.[55]

Ältere Quellsysteme, die mitunter auf keinem einheitlichen Standard basieren, zeichnen sich durch gesonderte Probleme aus. Oftmals ist der Systemaufbau mangelhaft dokumentiert und die Entwickler von damals existieren nicht mehr. Existieren Daten sowohl in verschiedenen Quellsystemen als auch in unterschiedlichen Formen, so müssen erst die übereinstimmenden

---

[53] Vgl. Totok, A. (2000), S. 114.
[54] Vgl. Mucksch, H./ Behme, W. (2000), S. 451.
[55] Vgl. Mucksch, H./ Behme, W. (2000), S. 69ff.

Datensätze identifiziert, Zusammenhänge erkannt und anschließen vereinheitlicht werden. Auch Hardwarekomponenten können die Funktionsfähigkeit eines Data Warehouse beeinträchtigen. Eine zentrale Datenbank, die Serverleistung oder die Netzwerkausleistung sind limitierende Faktoren, wenn es um die steigende Anforderung an die Hardware geht, die Datenflut zu bewältigen. Bei einer ganzheitlichen Betrachtung der Problempotenziale an Hard- und Software des Data Warehouse sollten die Mitarbeiter als User und Empfänger des Datensystems ebenfalls in den Fokus gerückt werden. Die Anwender müssen frühzeitig in den Entwicklungsprozess eingebunden werden, um im Idealfall als Multiplikatoren im Unternehmen zu wirken. Sie können ihren Kolleginnen und Kollegen die Chancen des Implementierungsprozesses aufzeigen und dieses promoten. Wenn keine Akzeptanz des Projektes Data Warehouse im Unternehmen herrscht, kann es zu Gegenwind kommen, der Ressourcen aufzehrt, die an anderer Stelle dringend benötigt werden.[56]

An dieser Stelle soll noch einmal betont werden, dass die Organisation des Data Warehouse an die betrieblichen Gegebenheiten wie Altsystemen und Hardwarestruktur angepasst werden muss. Die Funktionsfähigkeit und der Nutzen des Data Warehouse hängt davon ab, wie viel Aufwand und Kosten das Unternehmen in die Systeme zu investieren bereit ist.

4   Zusammenfassung der wesentlichen Ergebnisse und Zukunftsausblick

Viele Marktforscher gehen davon aus, dass die Entwicklung weiter zunehmen wird und Big Data nicht aufzuhalten ist. Nur Unternehmen, die es in Zukunft schaffen werden, mit den anfallenden Datenmassen umzugehen, werden am Markt bestehen können. Diejenigen, die sich die Daten sogar zunutze machen und wertvolle Erkenntnisse generieren, werden sich dadurch einen wichtigen Wettbewerbsvorteil verschaffen.[57]

Das „Analytische Chaos" zwingt immer mehr Unternehmen dazu ihre Systemlandschaften zu erneuern und auf die steigenden Datenmassen zu reagieren. Hierfür setzen die Unternehmen auf den Einsatz von Data-Warehouse-Technologien, die die betrieblichen Daten in eine einheitliche Datenbasis konsolidieren und den betrieblichen Nutzern adäquat zur Verfügung stellen. In der Theorie finden sich detaillierte Ansätze, die sich für die Umsetzung des Data-Warehouse-Konzeptes verwenden lassen. Wichtig hierbei ist es, dass die Unternehmen ihr

---

[56] Vgl. Totok, A. (2000), S. 238ff.
[57] Vgl. Kobek, W. (2014), http://www.computerwoche.de/a/die-daten..., abgerufen am 17.05.2016.

Vorgehen auf die betrieblichen Rahmenbedingungen anpassen. Wird die Theorie nicht auf die betrieblichen Gegebenheiten angepasst, ist die Wahrscheinlichkeit, dass das Projekt sein Ziel verfehlt, deutlich größer, als es bei einer Anpassung der Fall wäre. Die Vorgehensweise bei der Anpassung und auch bei dem gesamten Projekt sollte soweit möglich durch standardisierte Methoden erfolgen, damit die Komplexität reduziert und damit schlussendlich auch die Kosten minimiert werden können. Die betrieblichen Umstände dürfen hierbei nicht vernachlässigt werden.

Kein Unternehmen wird es sich in Zukunft leisten können, die Datenhaltung zu vernachlässigen. Die Daten und die Informationen beziehungsweise das Wissen, welches aus den Daten generiert werden kann, wird darüber entscheiden, welches Unternehmen sich am Markt behaupten kann und welches sich durch eine falsche Positionierung ins Abseits drängen lässt. Der Einsatz von Data-Warehouse-Systemen ist hierbei ein effizientes Werkzeug, um die Datenhaltung und die Datenbereitstellung für Analysezwecke zu strukturieren. Jedes Unternehmen wird durch den Einsatz von Data-Warehouse-Systemen eine spürbare Verbesserung der Datenqualität und in den betrieblichen Prozessen verzeichnen können.

Quellenverzeichnis

Literaturquellen

Abts, D./ Mülder, W. (2009):

Grundkurs Wirtschaftsinformatik: Eine kompakte und praxisorientierte Einführung, 6. Auflage, Wiesbaden 2009.

Alpár, P. (2014):

Anwendungsorientierte Wirtschaftsinformatik: Strategische Planung, Entwicklung und Nutzung von Informationssystemen, 7. Auflage, Wiesbaden 2014.

Apel, D. u.a. (2009):

Datenqualität erfolgreich steuern – Praxislösungen für Business-Intelligence-Projekte, 1. Auflage, München 2009.

Bachmann, R./ Kemper, G. (2011):

Raus aus der BI-Falle: Wie Business Intelligence zum Erfolg wird, 2. Auflage, Heidelberg 2011.

Bauer, A./ Günzel, H. (2009):

Einordnung und Abgrenzung von Business Intelligence, in: Bauer, A. / Günzel, H. (Hrsg.): Data-Warehouse-Systeme – Architektur, Entwicklung, Anwendung. 3. Auflage, Heidelberg 2009, Seite 13-14.

Böhnlein, M. (2001):

Konstruktion semantischer Data-Warehouse-Schemata, 1. Auflage, Wiesbaden 2001.

Chamoni, P. (1999):

Analytische Informationssysteme: Data Warehouse, On-Line Analytical Processing, Data Mining, 2. Auflage, Heidelberg 1999.

Farkisch, K. (2011):

Data-Warehouse-Systeme Kompakt: Aufbau, Architektur, Grundfunktionen, 1. Auflage, Heidelberg 2011.

Gabriel, R./ Gluchowski, P./ Pastwa, A. (2009):

Datawarehouse & Data Mining, 1. Auflage, Witten 2009.

Gansor, T./ Totok, A./ Stock, S. (2010):

Von der Strategie zum Business Intelligence Competency Center (BICC), 1. Auflage, München 2010.

Gluchowski, P./ Gabriel, R./ Dittmar, C. (2008):

Management Support Systeme und Business Intelligence: Computergestützte Informationssysteme für Fach- und Führungskräfte, 2. Auflage, Heidelberg 2008.

Goeken, M. (2006):

Entwicklung von Data-Warehouse-Systemen: Anforderungsmanagement, Modellierung, Implementierung, 1. Auflage, Wiesbaden 2006.

Holthuis, J. (1999):

Der Aufbau von Data Warehouse-Systemen: Konzeption — Datenmodellierung, 2. Auflage, Wiesbaden 1999.

Inmon, W. H. (1996):

Building the Data Warehouse, 2. Auflage, New York 1996.

Inmon, W. H./ Strauss, D. / Neushloss,G. (2008):

DW 2.0: The Architecture for the Next Generation of Data Warehousing, 1. Auflage, Kidlington 2008.

Kemper, H.-G./ Baars, H./ Mehanna, W. (2010):

Business Intelligence - Grundlagen und Praktische Anwendungen, 3. Auflage, Wiesbaden 2010.

Kendzia, R. (2010):

Business Intelligence für das Beschaffungsmarketing, 1. Auflage, Köln 2010.

Keuper, F. u.a. (2013):

Digitalisierung und Innovation: Planung - Entstehung - Entwicklungsperspektiven, 1. Auflage, Wiesbaden 2013.

King, S./ Hajnal, I. (2014):

Big Data: Potential und Barrieren der Nutzung im Unternehmenskontext, 1. Auflage, Berlin 2014.

Köppen, V./ Saake, G./ Sattler, K.-U. (2014):

Data Warehouse Technologien, 2. Auflage, Heidelberg 2014.

Lemke, C./ Brenner, W. (2014):

Einführung in die Wirtschaftsinformatik: Band 1: Verstehen des digitalen Zeitalters, 1. Auflage, Heidelberg 2014.

Laudon, K.-C./ Laudon, J./ Schoder, D. (2010):

Wirtschaftsinformatik: eine Einführung, 2. Auflage, München 2010.

Meier, A. u.a. (2005):

Unternehmensweites Datenmanagement: Von der Datenbankadministration bis zum Informationsmanagement, 4. Auflage, Wiesbaden 2005.

Mertens, P. (2001):

Lexikon der Wirtschaftsinformatik, 4. Auflage, Berlin 2001.

Mertens, P. (2009):

Integrierte Informationsverarbeitung 1: Operative Systeme in der Industrie, 17. Auflage, Wiesbaden 2009.

Mucksch, H./ Behme, W. (2000):

Das Data Warehouse-Konzept: Architektur — Datenmodelle — Anwendungen, 4. Auflage, Wiesbaden 2000.

Müller, J. (2000):

Transformation operativer Daten zur Nutzung im Data Warehouse, 1. Auflage, Wiesbaden 2000.

Navrade, F. (2008):

Strategische Planung mit Data-Warehouse-Systemen, 1. Auflage, Wiesbaden 2008.

Petersohn, H. (2005):

Data Mining: Verfahren, Prozesse, Anwendungsarchitektur, München 2005.

Schrader, J. (2015):

IT-Projekt macht Banken zu schaffen, erschienen in der Börsen-Zeitung am 17.02.2015, Nummer 32, Seite 4.

Stahlknecht, P./ Hasenkamp, U. (2005):

Einführung in die Wirtschaftsinformatik, 11. Auflage, Berlin 2005.

Strohmeier, S. (2008):

Informationssysteme im Personalmanagement, 1. Auflage, Wiesbaden 2008.

Totok, A. (2000):

Multidimensionale Modellierung von OLAP- und Data-Warehouse-Systemen, 1. Auflage, Wiesbaden 2000.

Wilmes, C./ Dietl, H./ van der Velden, R. (2004):

Die strategische Ressource „Data Warehouse": Eine ressourcentheoretisch empirische Analyse, 1. Auflage, Köln 2004.

Winter, R. u.a. (2008):

Das St. Galler Konzept der Informationslogistik, 1. Auflage, Heidelberg 2008.

Internetquellen

Bayer, M. (2012):

http://www.computerwoche.de/a/big-data-die-datenflut-steigt,2500037, abgerufen am 17.05.2016.

CeBit (2016):

http://www.cebit.de/de/news-trends/trends/big-data-cloud/, abgerufen am 10.05.2016.

Kobek, W. (2014):

http://www.computerwoche.de/a/die-daten-im-griff-behalten,3062210, abgerufen am 17.05.2016.

o.V. (2016):

http://www.business-intelligence.org/leitartikel/olap-die-intelligente-erfolgswaffe-fur-ihr-reporting/, abgerufen am 14.05.2016.